AF278640

MOTION

EN·FAVEUR

DES·OFFICIERS DU ROI.

MOTION

EN FAVEUR

DES OFFICIERS DU ROI,

DESTITUÉS PAR LES MINISTRES,

PROPOSÉE A L'ASSEMBLÉE DES ÉTATS GÉNÉRAUX.

PAR Madame Comtesse DE MAURVILLE,

1789.

MOTION

EN FAVEUR

DES OFFICIERS DU ROI.

AU milieu des grands intérêts qui agitent en ce moment la nation française, je n'espère pas fixer l'attention des représentans de la nation sur ceux d'un simple particulier ; mais la motion que je propose à cette auguste assemblée, intéresse tous les officiers qui composent l'armée, & particulièrement ceux qui ont été victimes des factions ministérielles ; elle tend à faire proscrire une source feconde d'injustices criantes, dont l'élite de la noblesse n'est point à l'abri ; elle mérite l'accueil favorable des états-généraux ; elle l'obtiendra : s'il en arrive autrement, j'aurai du moins satisfait à mon devoir envers le public, qui ne paroît pas s'occuper de l'objet que je traite ; à l'honneur, qui me fait une loi de justifier un bon officier dont la disgrace m'est commune, & à la conviction que j'ai de son innocence.

Cet officier a été accusé à son insçu, condamné sans avoir été entendu, puni, sans être coupable, dépouillé de son état, emprisonné, vexé de mille manières, & bafoué lorsqu'il a voulu demander justice ; l'honneur même lui auroit été enlevé, si l'honneur pouvoit être le jouet des injustices des ministres.

Il ne reste rien à ce malheureux, si ce n'est une amie, qui a plié comme lui sous le joug de l'oppression ; dont le père a porté les armes pour la France avec distinction, dont les frères servent de même ; que les duretés des ministres ont dégoûtée du rôle de suppliante auprès d'eux, & qui met aujourd'hui toute sa confiance dans la justice des représentans de la nation. Cette amie, c'est moi, c'est l'épouse de l'opprimé.

L'intérêt de mon mari & le mien, ne sont pas les seuls qui donnent du poids à la motion que je propose, celui d'un grand nombre d'officiers, sacrifiés à d'affreuses vengeances, l'amour du Roi pour ses sujets, la sûreté du service militaire, exigent qu'elle soit accueillie. Il importe, sous tous les rapports, que *l'état des officiers qui l'ont perdu par des injustices, leur soit rendu, & que l'armée soit à jamais préservée d'un tel fléau.*

Nul français ne peut s'empêcher de joindre ses vœux aux cris élevés de toutes parts, contre l'abus d'autorité des ministres; mais si le pouvoir arbitraire est odieux, n'est-ce pas sur-tout lorsqu'il frappe des gentilshommes qui exposent leur vie pour la gloire du Roi & le salut de l'état; qui sont, comme mon mari, distingués par les services de leurs ancêtres, par les leurs propres, par des blessures profondes, & de longues souffrances, par des récompenses honorables, & purement militaires, par leur assiduité constante, leur obéissance aveugle?

Ils sont affreux, les coups de ce pouvoir, lorsqu'ils sont portés dans les ténèbres; qu'on ne peut pas plus les éviter, que ceux d'un assassin de grand chemin; que celui qui les porte ne laisse ni le temps de s'en garantir, ni les moyens de s'y opposer, & qu'il faut absolument être sacrifié sous de faux prétextes, sans avoir la faculté de les

combattre, ni aucun moyen de faire entendre de juftes réclamations.

Tandis que les formes pénibles de la pro-
cédure criminelle en France, font fentir
combien la vérité eft quelquefois obfcure,
& quels devoirs importans les Juges ont à
remplir pour ne pas fe tromper; un miniftre armé du pouvoir arbitraire, pourra-
t-il trancher, au gré de fon caprice ou de
fon intérêt, le fil des affaires les plus inex-
tricables, fans connoiffance de caufe, fans
examen, fans information, &, qui pis eft,
fans remords?

Car, enfin, le fcélérat condamné au dernier fupplice a du moins la fatisfaction d'entendre lire fon arrêt; il a eu celle de con-
noître les accufations portées contre lui,
d'y oppofer fes moyens de défenfes; &,
quand le Juge l'a condamné, il a été con-
vaincu par la force des faits difcutés avec
le plus grand foin; mais la malheureufe
victime de la paffion d'un miniftre eft égor-
gée dans les ténèbres du cabinet; toute for-
malité en- eft bannie; l'accufé n'eft pas
même appellé à fon jugement; la juftice
de fa caufe eft fouvent une raifon de plus
pour confommer le facrifice.

Le tableau de la conduite de mon mari dans son service, & du traitement qu'il y a éprouvé, fera sentir l'importance de la motion que je propose, & la néceffité de l'admettre.

Il y avoit vingt-cinq ans que M. Bidé de Maurville étoit au service de la marine, quand M. de Castries arriva au miniftère de ce département par une route peu battue jufqu'alors, eu égard au rapport très-éloigné qu'il y avoit entre le nouveau service que cet officier général alloit diriger, & celui qu'il avoit toujours fait ; cette obfervation n'a pas pour but de déprimer M. le Maréchal ; mais elle n'eft pas indifférente à mon fujet.

Mon mari étoit chevalier de Saint-Louis ; il s'étoit diftingué dans plufieurs affaires, notamment à l'affaire de *la Rache* en 1765, où il fut horriblement maltraité ; & après laquelle il a langui pendant deux ans dans les fers du roi de Maroc. Il avoit enfuite été chargé, par la cour de France, d'une négociation à cette cour barbarefque, dont il s'étoit acquitté avec un fuccès qui lui

avoit mérité les applaudiffemens des miniftres de ce temps-là.

Mais en France, lorfqu'un miniftre arrive en place, il eft comme s'il tomboit des
nues; il ne connoît ni les perfonnes ni les
chofes; hors fes créatures, les officiers qui
ne font que leur devoir & point leur cour,
font prefqu'oubliés; leurs fervices font
comptés à-peu-près pour rien; &, fous cer-
tains miniftres, on a plus à craindre de leur
humeur, que du canon des ennemis.

M. de Maurville n'avoit, pour ainfi dire,
pas quitté la mer depuis qu'il étoit au fer-
vice; & M. de Caftries, nouvellement paffé
du commandement d'un corps de cavalerie
au miniftère de la marine, ne connoiffant
point cet officier, n'ayant eu que quelques
inftans pour difpofer de fon fort, en a ufé
comme on va le voir.

Le vaiffeau du Roi, l'*Artéfien*, avoit été
confié à mon mari dans les mers de l'Inde,
fous les ordres de M. de SUFFREN : puiffent
les mânes de cet homme pervers, autant
que général habile, avoir appaifé la colère
des dieux, offenfés par fes injuftices !

Depuis long-temps une haine implacable

avoit pris naiſſancè dans le cœur de M. de Suffren pour tout ce qui portoit le nom de Maurville, à l'occaſion d'une rixe perſonnelle, inutile à mettre ici ſous les yeux de l'aſſemblée : toutes les démarches de mon mari étoient empoiſonnées dans l'eſprit de ce vice-amiral ; la tenue de l'équipage de l'*Artéſien*, qui étoit un ſujet d'éloges à bord des autres vaiſſeaux de l'eſcadre, n'étoit pas à l'abri de la cenſure du chef. Cette haine étoit telle qu'il ne pouvoit la diſſimuler, & qu'il a pluſieurs fois porté l'indécence juſqu'à maltraiter publiquement de paroles ſon ſubordonné d'une manière peu militaire.

M. de Maurville venoit de donner une preuve de ſon attachement à ſes devoirs, & de ce courage réfléchi qui caractériſe la vraie bravoure, au combat du 6 juillet 1782, où il commandoit toujours l'*Artéſien*, ſous les ordres de M. de Suffren. Il avoit eſſuyé le feu continuel de deux vaiſſeaux ennemis ; ſes manœuvres avoient été criblées de boulets ; il avoit eu à ſon bord trois canons démontés, huit hommes tués, & quarante mis hors de combat. Il s'étoit porté, autant que le déſordre de ſes agrès le lui avoit permis, au secours du *Brillant*, qui avoit été très-maltraité, & il avoit repris le combat pour défendre ce vaisseau.

Sur ces entrefaites, le feu prit au vaisseau de M. de Maurville, fit péter quatre caisses de cartouches, & partir la plupart des fusils du détachement avec plusieurs gargousiers qui étoient dans la chambre du conseil. On jugera aisément dans quel embarras se trouva l'équipage, occupé, d'un côté, à tirer sur l'ennemi ; de l'autre, à forcer de bras sur les pompes, pour éteindre l'incendie ; & en troisième lieu à gouverner les manœuvres dans le mauvais état où elles étoient. Dans le désordre qu'occasionnoient nécessairement ces intérêts divers, l'*Artésien* auroit fort bien pu tomber au pouvoir de l'ennemi, sans la moindre apparence de faute ; mais mon mari fut assez prudent, peut-être assez heureux, pour n'être point fait prisonnier.

Hélas ! s'il eût été pris, ou qu'il se fût rendu aux vaisseaux qui le chauffoient le plus, pendant l'incendie du sien, au lieu de combattre pour dissimuler sa détresse, il auroit évité tous ses malheurs ; il auroit perdu le vaisseau du Roi, mais son honneur n'auroit point été attaqué ; on l'eût plaint, mais non pas deſtitué, ni perſécuté. Faut-il donc que la perte d'un bon officier ait ſon origine, dans une action honorable aux yeux de tout le monde, à l'exception d'un chef pouſſé par l'animoſité !

Le combat fini, l'*Artéſien*, ſans perdre de vue les ſignaux de l'Amiral, & quoiqu'il eût fait lui-même ſignal d'incommodité, réunit ſes efforts pour mouiller comme le reſte de l'eſcadre ; & c'eſt après avoir obéi à ce dernier ordre de l'amiral, dans les conjonctures les plus périlleuſes, qu'il en **a** été traité avec noirceur.

Ce chef d'eſcadre écrivit à mon mari, qui n'auroit mérité que des louanges ſous tout autre commandant, qu'il étoit décidé *à nommer un autre capitaine à l'Artéſien*, & il lui donnoit *ordre* en même temps *de repaſſer en France*. Le nouveau capitaine fut nommé, & mon mari fut forcé d'obéir, ſans que ſes ſollicitations & ſes ſupplications réitérées à M. de Suffren, de le voir, de l'entendre, lui aient obtenu ſeulement un moment d'audience.

Tant de fiel entre-t-il dans l'ame des héros!

Une épée à deux tranchans, étoit donc dans les mains du chef d'escadre, pour frapper mon mari : il falloit qu'il pérît ou qu'il fût calomnié ; il avoit survécu aux malheurs arrivés à son bord, mais la calomnie l'attendoit ; & il auroit préféré la mort aux coups qu'il en a ressenti.

Il seroit inutile d'exposer ici sous les yeux de l'assemblée, les preuves de la détresse où s'étoit trouvé M. de Maurville pendant le combat qui avoit servi de prétexte à son chef d'escadre, pour lui faire plus de mal que toute la flotte ennemie, elles seront mises au grand jour quand il en sera temps.

Douze hommes & un lieutenant de frégate avoient été tués ; il y en avoit eu trente-trois blessés grièvement ; cinquante-un boulets avoient pénétré dans le corps du vaisseau, dont plusieurs au-dessous de la flottaison ; dix avoient maltraité la mâture, & sur-tout le grand mât de hune..... Mais n'étoit-ce pas à ceux qui ont voulu prononcer sur le compte de mon mari, d'aller au-devant de ces traits de lumière ? Les auroit-on négligés, si l'on n'avoit pas eu le dessein prémédité d'envelopper de ténèbres une perfidie ?

Certes, il n'y a rien de plus perfide que d'enlever à un brave officier, le tribut de gloire qu'il s'attendoit à retirer d'un combat où il avoit fuivi conftamment le chemin de l'honneur, de l'accufer d'avoir tenu une conduite contraire, & de lui refufer d'entendre les témoignages qu'il offre de fon innocence.

Au traitement que M. de Maurville a éprouvé, ceux qui ne voyoient pas fon ennemi dans fon chef, l'auront peut-être fuppofé coupable; on aura peut-être imaginé que mon mari, oubliant l'honneur qui l'avoit élevé au rang de capitaine de vaiffeau, méprifant l'opinion de fes camarades & des officiers de fon bord, auroit trahi fa patrie, en entretenant avec l'ennemi des correfpondances funeftes à la flotte de M. de SUFFREN, ou qu'il auroit abandonné le pavillon amiral, comme d'autres capitaines de vaiffeau ont été accufés de l'avoir fait, par M. LE COMTE DE GRASSE, & juftifiés peu après par ordre du Roi au confeil de l'Orient; mais il ne s'eft rien paffé de pareil à bord de l'*Artéfien*; le capitaine en offre les preuves les plus convaincantes : on ne les a rejettées, qu'afin de ne pas compromettre un chef d'escadre qui avoit porté un faux témoignage à cette occasion.

Mon mari a offert sa tête, en suppliant d'entendre sa justification, & ses prières ont été vaines. Cependant, qui l'ignore ? Tandis que les officiers inculpés plus grièvement encore que mon mari, après l'affaire du 12 avril, ont été justifiés ; par une fatalité inouie, ceux qui servoient sous M. de Suffren, sont les seuls qui n'aient pas été écoutés. Faut-il en chercher la raison ? c'est que leur innocence étoit certaine, & la réparation due par ce chef d'escadre très-difficile.

Les amis de M. de Maurville, qui sont encore tous ses camarades, n'avoient pas vu, sans une secrette horreur, un trait de mauvaise foi insigne, & impardonnable de la part de M. DE SUFFREN : il commence sa lettre foudroyante à mon mari, par lui dire : *J'avois résisté, Monsieur, à ma conscience, & aux cris de l'escadre.....* Aux cris de l'escadre ? homme injuste ! ne sembleroit-il pas que M. de Suffren avoit rassemblé tous les officiers de l'escadre ; qu'il avoit pris leurs avis ; pesé leurs opinions dans sa *conscience* ; & que vaincu, malgré sa *résistance*, par les cris de l'armée navale, il auroit sacrifié le capitaine de l'*Artésien* au ressentiment de ses camarades, & non pas au sien propre ? La vérité est, qu'aucun capitaine de vaisseau n'a été consulté lorsqu'il s'est agi de commettre l'abus d'autorité dont mon mari a été la victime ; que personne n'a approuvé le jugement inique prononcé contre M. de Maurville ; que tous les officiers de la marine ont pour lui, depuis sa disgrace, les mêmes marques d'estime & d'intérêt qu'auparavant, & que leur vœu unanime est qu'il triomphe enfin de la persécution.

Quels peuvent donc être les cris prétendus dont M. de Suffren a cru devoir s'étayer, si ce n'est des clameurs clandestines de quelques jeunes officiers, à qui ce chef d'escadre aura fait adopter sa haine, avides de commander, & intéressés par conséquent à toute espèce de révolution propre à satisfaire leur impatience ?

Je n'entreprendrai pas, d'exposer quels stratagêmes ce chef d'escadre aura employé auprès du miniſtre pour l'entraîner dans le parti de ſes vengeances; mais, me ſera-t-il permis de le demander, quelle dut être en cette occaſion l'opinion de M. DE CASTRIES pour M. DE SUFFREN : un délateur ſecret, qui ſollicitoit la punition d'un coupable ſans oſer l'accuſer en face, & dont la forme des démarches annonçoit clairement qu'elles étoient une perfidie ? Comment le maréchal de France étoit-il à ſon tour dans l'eſprit d'un officier général, qui oſoit lui faire la propoſition monſtrueuſe de révoquer un de ſes camarades ſans l'entendre ? Au vrai, ces deux individus pouvoient-ils s'eſtimer réciproquement ?

On convient généralement que M. DE SUFFREN, dans l'idée que la cour de France pourroit trouver ſes actions dans les mers de l'Inde, fort au-deſſous de ce qu'il auroit pu y faire, s'étoit formé le plan de rejetter l'exiguité de ſes ſuccès, ſur les négligences de ſes coopérateurs ; on a vu qu'il n'a rien négligé pour inculper les autres à ſon avantage ; qu'il y a employé toutes les ruſes de cour qui lui étoient familières, toute ſon adreſſe pour engager le miniſtre à faire cauſe commune avec lui, toute fa foupleffe dans les bureaux, toute fa charlatanerie au foyer, dans la galerie de Verfailles, & dans les cercles; & qu'il s'étoit, pour ainfi dire, proftitué par fes familiarités avec les derniers commis, au mépris de fon rang, de fes dignités, & des bienféances que refpectent les loyaux chevaliers.

On peut juger par les efforts qu'exigèrent de telles démarches de la part d'un homme orgueilleux, quel puiffant motif l'y déterminoit. Il s'agiffoit non-feulement d'accréditer une calomnie, & une calomnie favorable aux intérêts du calomniateur; il falloit encore y donner du poids, s'emparer de tout ce qui auroit pu y contredire, écarter l'innocent & fes moyens de juftification, enfin tenir la place affez long-temps pour laffer la patience du malheureux, & ne la quitter qu'après l'avoir perdu dans l'efprit de tout le monde, & réduit par là au filence.

Jufqu'où n'a-t-on pas porté la crainte que M. de Maurville ne rompît le filence? Un jour M. DE CASTRIES avoit eu les oreilles frappées d'un faux bruit, d'après lequel on

prétendoit que mon mari préparoit un mé-
moire pour fa juftification , & qu'il fe dif-
pofoit à le faire imprimer : nouvel abus
d'autorité : des menaces d'une LETTRE DE
CACHET lui furent portées de la part de
l'ex-miniftre , dont les yeux redoutoient
l'éclat de la vérité. Je n'ai pas été moi-
même à l'abri de fes duretés : pour me con-
foler des maux contre lefquels je réclamois
humblement fon appui dans une audience,
il me répondit galamment : *Bon , Madame ,
on s'accoutume au malheur.*

Qu'avois - je donc fait auffi pour être
vexée ? Aucune femme fe feroit-elle atten-
due à cette réponfe de la part d'un officier,
d'un homme diftingué ordinairement par fa
courtoifie , fur-tout à la cour de France ?
tant il eft vrai que les paffions effacent jufqu'au germe des fentimens qui font le ca-
ractère des nations !

La preuve de ce propos peu réfléchi &
barbare de M. DE CASTRIES, exifte dans
une lettre qu'il m'a écrite pour fe difculper
de me l'avoir tenu. On ne fera peut-être
pas fâché de voir dans quel ftyle emmiellé
ce courtifan cherchoit à effacer l'impreffion
de fes duretés.

» Quelque (pour *quelle que*) foit, m'écri-
» voit-il , le 23 décembre 1785 , la fource
» de vos malheurs , Madame , je n'ai point
» été infenfible à vos peines ; & s'il ne dé-
» pend pas de moi de les adoucir , loin de
» vous avoir *tenu le propos dur que vous fem-*
» *blez me reprocher* , & que je me reproche-
» rois moi-même s'il avoit pu m'échapper,
» *j'ai dû* vous témoigner des regrets de ne
» pouvoir changer votre fort «. Signé *Ma-*
réchal DE CASTRIES ; & plus bas : *à Madame*
DE MAURVILLE.

Oui fans doute , Monfieur , vous *avez dû*
me témoigner des regrets ; mais vous avez
fait le contraire , en infultant à mes malheurs , que vous feul avez caufés très-gra-
tuitement. Il ne s'agiffoit pas d'ailleurs , dans
mes prières , de changer mon fort , mais
d'écouter la juftification de mon mari. N'ad-
mire-t-on pas le délire de quelques gens
en place , qui répondent toujours , quand
on leur demande juftice , comme fi l'on fol-
licitoit une grace ? N'eft-on pas touché de
leur tendre compaffion pour les femmes des
officiers qu'ils accablent de leurs coups d'autorité ? Ne fera-t-on pas bien édifié des paroles confolantes qu'ils adreffent , au nom

du plus humain des Monarques, à de malheureuses victimes, non pas du fort des armes, mais de leurs propres cruautés?

QUOI, tandis que le Roi lui-même n'ose prononcer de son propre mouvement sur les affaires qui intéressent ses sujets, & que divers tribunaux & conseils militaires attestent la justice de ses intentions dans l'administration des intérêts de chacun, un ministre, ou séduit, ou mal intentionné, ou inepte, usurpera le pouvoir de destituer des officiers, tandis qu'il n'a pas celui de les créer? Quoi, une simple lettre ministérielle annulera un brevet du Roi, justifié par des services signalés? & la loi qui protége le champ du laboureur contre l'usurpateur de ses propriétés, sera muette lorsqu'il s'agira de l'état des citoyens, & de ceux qui exposent leur vie pour la patrie?

Gardons-nous de croire que d'aussi énormes abus puissent échapper à la sagacité des représentans de la nation; il est indispensable, non-seulement de réparer par une prompte justice ceux qui ont été commis jusqu'à présent, mais encore d'empêcher qu'il s'en commette de pareils à l'avenir, &

les moyens de s'en préferver fe préfenteront d'eux-mêmes. Le fort des armes de la France dépend effentiellement du fuccès de cette motion; car il n'y a point d'officier dont le zèle n'ait été rallenti par les exemples de l'injuftice des miniftres, & qui ne frémiffe à la vue de leurs vexations, & de leur déni de juftice.